U0021812

馬小跳財商課 4

錢生錢的智慧

楊紅櫻

著

馬小跳一家人

馬小跳

一個有情有義、有擔當的小小男子漢，想像力十足，最可貴的是，他有著一雙善於發現問題根源的眼睛，以及一顆求知慾旺盛的好奇心。

丁蕊

馬小跳的媽媽，富有時尚精神的櫥窗設計師，擅長傾聽孩子的心聲，是一個即使活到 80 歲也會像個小女孩一樣天真的美麗女人。

馬天笑

馬小跳的爸爸，知名的玩具設計師，從未忘記自己是怎麼長大的⋯⋯。因此當馬小跳遇到煩惱時，他總能為兒子排憂解難。

毛超

馬小跳的好朋友，雖然十句話裡有九句都是廢話，但因為親和力超強，所以是馬小跳身邊的「首席外交官」。

張達

馬小跳的好朋友，表達能力略遜，但因為有著一雙飛毛腿，行動力超強，所以成為馬小跳身邊的「首席執行官」。

唐飛

馬小跳的好朋友，見多識廣，遇事沉著冷靜，是馬小跳身邊的智多星。

路曼曼

馬小跳的同學，因為剛好坐在馬小跳旁邊，所以她最大的嗜好就是管馬小跳，也因此，她和馬小跳幾乎每天都會爆發「戰爭」。

夏林果

馬小跳心中的女神，從小學習跳芭蕾舞，是聞名全校的「芭蕾公主」。

你有多少零用錢？

這些零用錢是怎麼來的？

你覺得可以用什麼方法讓零用錢變多？

你有沒有想過，爸爸媽媽的錢是從哪裡來的？

....

在回答這些問題時，你一定會不由自主地想到你的存錢筒或爸爸媽媽的金融卡。當然，在這個線上支付極為便捷的時代，你想到的也可能是爸爸媽媽幾乎無所不能的手機。你存錢筒裡的那點零用錢，可能買一件心愛的玩具就花光了。可是，也許爸爸媽媽

的金融卡或者手機裡有多得花不完的錢，因為家裡的所有開銷都是爸爸媽媽負責的。

何不試著和爸爸媽媽溝通一下，你會發現其實那張神奇的卡片或者無所不能的手機裡，並沒有你想像中多得花不完的錢，因為金融卡或手機都不是聚寶盆。

那爸爸媽媽的錢，到底是從哪裡來的？

當然是靠自己的勞動辛辛苦苦賺來的。錢不會從手機或者金融卡裡「長」出來，也不會從天上掉下來，更不會被一陣大風刮過來，只有勞動才能創造財富。

錢是從天上掉下來的嗎？

當然不是，只有靠自己的辛勤勞動，才能賺到錢！

1. 賺錢的途徑有哪些？

此時此刻，你最想要什麼東西？

最新款的樂高積木？帥氣的變形金剛？美麗的公主蓬蓬裙？好看的漫畫書？還是香甜可口的奶油蛋糕？

你覺得爸爸媽媽一定會給你買嗎？

你是不是特別希望有一天自己可以有好多好多

錢，能買下任何自己想要的東西？那麼，怎樣才能賺到錢呢？

作為一個孩子，你可以通過幫爸爸媽媽做事來獲取報酬。當然，這得和爸爸媽媽商量好才可以。你一定也很好奇，爸爸媽媽是怎樣賺錢的？其實，對他們這樣的成年人來說，賺錢的方式有很多。

其中，最常見的就是受雇於某個用人單位或企業，然後通過自己的勞動換取相應的報酬。這種收入叫作工資。

現在人們的工資是以貨幣的形式發放的。不過在古代，人們的工資不僅有貨幣， 也經常會以實物的形式發放，比如糧食、土地、布匹等 1。那個時候的工資叫「俸祿」。

那麼，是不是所有靠勞動獲得的報酬都可以叫作工資呢？當然不是。工資有一個重要的特點就是按期支付，只

有企業按照與職工的約定，定期支付給職工的勞動報酬才叫工資。如果一個人只是臨時找了份工作，比如在農忙時受人委託收割農作物，工作完成後拿到了一筆錢，這種透過打臨時工獲得的報酬，我們可以稱為工錢，但不可以認定是工資。

人們通過體力勞動和腦力勞動獲得的收入，都可以被稱為**勞動收入**。工資是一種勞動收入，但勞動收入不一定都是工資。比如，自由插畫師靠繪製插畫獲得報酬，個人攝影師靠為他人照相獲得報酬，自由翻譯者靠為他人或公司翻譯稿件獲得報酬。他們的勞動收入叫作勞務報酬。

想要搞清楚某項勞動收入是工資還是勞務報酬，只需要確認付錢的一方和收錢的一方之間是否存在雇

機智問答

勞務報酬：又叫服務報酬，指個人獨立從事各種非雇傭關係的勞務活動（服務性）所取得的報酬，一般根據勞務活動的數量和品質支付。

傭關係就可以了。如果存在雇傭關係，並定期支付，那就是工資；如果不存在雇傭關係，那就是勞務報酬。

除了工資和勞務報酬，還有一些其他收入也屬於勞動收入，比如農民出售自己種的糧食、蔬菜等獲得的收入，漁民將出海捕撈的海產品販賣後所得的收入等。

現代社會中還存在大量的非勞動收入。簡而言之，非勞動收入就是不靠勞動獲得的收入。但是不靠勞動，那得靠什麼賺錢呢？這取決於人們有什麼，很多東西利用好了，都可以換來金錢。

擁有很多套房子的人，可以通過出租空閒的房屋賺取租金。

擁有很多錢的人，可以將錢存在銀行賺取利息，也可以通過購買債券獲得債息，通過購買股票獲取股息和紅利等。

某人擁有某本書籍的著作權，也可通過授權許可使用該書的著作權獲得版稅。

擁有某項商標權或者專利權等智慧財產權的人，可以通過轉讓智慧財產權的方式，獲取相應的收入。

總的來說，只要你擁有別人需要的東西，你就有

機會利用它們來獲得收益。

當然，還有一些收入是比較特別的。比如，某些失業的人在滿足一定條件後領取的失業救濟金，生了重病又無錢治病的人，通過某些管道接受社會捐贈，或者因遺產繼承而獲得的收入等，以上皆是。

機智問答

放大你的「個人收入」：個人收入按收入分配的生產要素標準可分為兩類，一類是勞動收入，另一類是非勞動收入。勞動收入有工資、勞務報酬等。非勞動收入有租金、股息等。每個人都可以根據自己的實際情況尋找適合自己的賺錢方式，當然這必須在合法的前提下。

何不試著與爸爸媽媽交流一下，看看你們都有什麼賺錢技能？家裡有什麼東西對你們來說暫時沒用，但對別人卻是很有用處的？

動動腦筋想一想，或許你能幫爸爸媽媽找到新的賺錢途徑呢！

1.《後漢書‧百官志》中記載：「凡諸受奉，皆半錢半穀。」意思是官吏們每個月的工資按一半錢、一半糧食發放。

2. 讓錢自己越變越多……

　　我們的生活離不開錢，誰都希望自己的錢越多越好。可是，人的精力是有限的，不可能每天 24 小時一刻不停歇地工作。工作時間太長，身體就會受不了，開始出現各種問題，嚴重時甚至會死亡。所以，大家不能一味靠延長勞動時間來獲得更多收入。

　　人們為了賺錢絞盡腦汁時，往往會不由自主地感嘆說道：「要是錢能自己變多就好了……」。

　　錢真的可以自己變多嗎？

　　當然可以。

　　不過，想要讓錢變多，首先要學會理財。說到理財，可能大多數人的第一反應就是投資、儲蓄，但其實理財不僅僅包括這些。

機智問答

理財：簡單來說就是管理財物或財務。對個人來說，就是在對個人收入、資產、負債等進行梳理分析的基礎上，結合預設目標、個人風險承受能力和偏好，運用諸如儲蓄、證券、不動產投資等手段管理資產和負債，合理安排資金，以便在個人可接受的風險範圍內，盡可能實現資產增值的最大化。

《孫子兵法》有句名言：「知彼知己者，百戰不殆。」學習理財，不能不「知己」。梳理個人或家庭的資產，明確財務狀況，做好規劃，合理安排資產結構，是理財的第一步。

個人或家庭的資產既包括現金、基金等金融資產，也包括住房、轎車等自用資產，還包括諸如專利權、商標權、著作權等無形資產。除了了解自己的資產情況，你還需要整理自己目前和未來可能的收入、支出以及負債情況。這很重要，不了解這些，你很有可能

會陷入無財可理、生活困頓的窘境。

　了解清楚自己的財務狀況後，就要認真規劃，結合實際情況合理安排資產。學習理財的目的不僅僅在於賺更多的錢，更重要的是讓自己生活得更好。所以，在制訂自己的理財計畫時，必須優先滿足個人或家庭的生存需要，也就是除了當月生活費外，還要留出來足夠的預備金和保險金，剩餘的錢才能用來理財。

　當然，每個人或每個家庭的情況不同，所以資產具體怎麼分配，還要根據自己的實際情況來。如果你有長期穩定的收入，這種收入不會因發生意外而減少或中斷，那麼預備金就可以適當少留一些（比如預留 3

留預備金還好理解，
為什麼還要預留買
保險的錢呢？

個月的生活費）；而如果你的收入不穩定，或者你有失業的風險，那麼預備金就需要多留一些（最少也得準備 6 個月的生活費）。這樣既可保證你即使暫時失業沒有收入，也不至於讓日子太過艱難。

我們先來了解一下保險是什麼。

誰也不能保證自己一輩子都不會發生意外。有的人平常很少生病，卻突然罹患癌症；有的人明明開車很小心，卻意外被別人撞了。這些意外事故在發生後，多數人都沒有辦法靠自己的力量渡過難關。許多家庭因此陷入絕境，保險就是為了應對這種突發情況而存在的。有了保險，抵抗風險的能力便可大大增強了。

保險的種類有很多，除了最基本的社會保險，還有商業保險等。對普通人來說，優先配置的當然是社

保險：這是一種集中分散的社會資金，用於補償因自然災害或意外事故造成的經濟損失，或被保險人因死亡、傷殘或者生存到合同約定的期限給付保險金的一種經濟補償制度。參加保險的人，向保險機構按期繳納一定數額的保險費，保險機構對投保人在保險責任範圍內所受的損失負賠償責任或者當投保人到合同約定年齡、期限時給付保險金。

會保險。如果經濟條件允許，最好能根據自己的實際情況有選擇地配備足夠保額的商業醫療險、重疾險、意外險和壽險等。這樣就能保證在發生意外時，有足夠的錢保障自己和家人的醫療和生活需要。

如果在留足預備金和買保險的錢，付完房貸、車貸等後還有餘錢，就可以考慮「如何讓錢自己變多？」這個問題了。不過，在投資之前，一定要權衡好，不能一味追求高收益，要保留足夠金額的錢投資穩定、長遠的專案，保本升值，為日後養老和子女教育做準

備。切忌把所有的錢都投入股票、基金、期貨等有風險的金融投資類產品中，否則很有可能傾家蕩產、血本無歸。

簡單來說，個人或者家庭的資產配置，可以結合實際情況，按照下圖所示合理安排。

保險費 社會保險、保障型保險	備用金 一般為 3 至 6 個月的生活費
醫療險、重疾險、意外險、壽險	衣、食、住、行
保本升值的錢 社會保險、保障型保險	「生錢」的錢 創造額外收益
一般用於養老、子女教育	債券、基金、股票

「知己」之外還要「知彼」。「知彼」的範圍很廣，包括要了解市場大環境，學習各種金融學和經濟學知識，分析股份公司的經營狀況等。這些聽起來很複雜，

但是如果想讓錢更多地「生錢」，就必須學習。因為債券、基金、股票等投資工具風險很大，雖然收益很多，但也有可能讓你虧一大筆錢，甚至欠一屁股債。

當然，大多數人不可能完全做到「知彼」，所以無論一個人自認為分析得多麼透徹，都有可能虧錢。只有極少數的幸運兒能憑著好運氣「躺著賺錢」。但是擁有這種好運氣的人，畢竟是少數中的少數，所以能盡可能地做到「知彼」，才是避免虧錢的有效途徑。另外，進行投資時，一定要根據自己的需求和風險承受能力，踏實地選擇適合自己的方案，切忌盲目追求高收益。

理財是讓錢「生錢」的好方法。可是光有方法顯然不行，想要讓錢「生錢」，最基本的是要有錢，也就是有本金。本金不需要一次存很多，可以細水長流。對普通人來說，開源節流是最基本的觀念，也就是提升工作能力，賺取更高的工資，並且最大限度地利用自己所擁有的東西來賺錢，並把沒必要花費的支出省下來，養成儲蓄的習慣，一點一滴地累積自己的資產。

3. 最安全的理財方式

　　你的存錢筒裡一定存了很多零用錢，但你有沒有想過你為什麼想要把錢存起來？爸爸媽媽為什麼也要把錢存在銀行裡？

　　這是因為基於傳統的消費觀念，很多人都有存錢的習慣，覺得把錢存起來有安全感。像爸爸媽媽這種把暫時不用的錢存入銀行這類型信用機構的行為就叫作儲蓄。現在可供人們選擇的理財方式有很多，儲蓄就是其中一種。它對大多數人來說是很重要的，因為它是所有理財方式裡最安全的，在不會虧本的前提下，還可以賺取一定的利息。

　　利息就是本金「生」的錢，那我們怎麼知道利息有多少呢？

利息：有多種定義，總的來說就是因存款、放款而得到的本金以外的錢。本金，顧名思義，就是存款、放款時原本的金額。

計算利息的方法主要有單利[1]和**複利**兩種。

單利很簡單，無論時間長短，只按初始本金計算利息，即產生的利息不加入本金重複計算利息，通俗來說就是「**利不生利**」。

比如，趙阿姨將 10 萬元新台幣存入銀行定期存款中，存款期限是 3 年，3 年期利率[2]為 2%，那麼她每年能收到的利息是 2,000 元（100,000×2%=2,000元），3 年一共能收到的利息是 6,000 元（100,000×2%×3=6,000 元）。

單利的計算原來這麼簡單，現在你學會了嗎？

說完單利，我們來看一下複利。

相對於單利，**複利**就顯得複雜許多，因為它要把

利息和本金加在一起算做下一次的本金，即逐期滾動計算利息，通俗來說就是「利滾利」。因為本金和利息都會產生利息，所以複利的計算和單利不同。請看下面這個例子：

趙阿姨將 10 萬元借出去，約定借款期限是 3 年，借款利率是 2%。如果按單利計算，她 3 年能收到的利息一共是 6,000 元。而如果按複利計算，她將收到的利息如下：

第 1 年：100,000×2%=2,000 元

第 2 年：（100,000+2,000）×2%=2,040 元

第 3 年：（100,000+2,000+2040）×2%=2,080.8 元

因此，趙阿姨 3 年下來總共能收到的利息是 6,120.8 元（2,000+2,040+2,080.8=6,120.8 元）。從這裡我們可以看出，在條件完全相同的前提下，按複利計算要比按單利計算更賺錢。當然，現實生活中的情況應該會更複雜得多。本金的多少、利率的高低、時間的長短都會影響最終的利息多寡。所以在某些條

件不同的情況下，按複利計算並不一定比按單利計算更賺錢。

比如，銀行活期存款的利息每季度結算一次，本金和利息加在一起作為下一季度的本金，每個季度是3個月，也就是說一年有四次按複利計算的機會。但由於活期存款的利率非常低，即使一年有四次按複利計算的機會，同等本金和存款期限的情況下，也不如按單利計算的定期存款獲得的利息多。

所以，人們如果有筆閒錢暫時用不上，又只願意選擇最安全的理財方式，那麼大概率會選擇將它存入銀行。不過即使是儲蓄，人們也可以利用規則最大限度地獲取收益。但首先，要把握兩大原則。

機智問答

大額存單：由商業銀行或其他金融機構面向個人、非金融企業、機關團體等發行的一種大額存款憑證，是具有標準化期限、最低投資金額要求、市場化定價的存款產品。

　　一是少存活期。活期存款的利率非常低。同樣是存錢，存定期要比存活期利率高。如果本金足夠，大額存單通常比相同存款期限的定期存款利率高。所以除了隨時支取的備用金外，盡可能不要存活期。

　　面向個人的大額存單，認購起點金額不低於 20 萬元，期限包括 1 個月、3 個月、6 個月、個月、1 年、18 個月、2 年、年和 5 年，共九個品種。當然，每個銀行推出的大額存單在認購起點金額、利率等方面都略有不同，購買時要以實際產品為準。

　　二是定期存款或者大額存單盡可能到期支取。很

可是如果碰到意外情況，急需用錢時怎麼辦？

那就只能提前解約把錢領出來了，不過這樣會損失好多錢呢。

多人記不住定期存款或者大額存單的到期日，往往到期很久才想起來去銀行取款。但這樣的話，逾期的利息要按支取當日的活期儲蓄利率來計算，性價比很低。為了避免這種麻煩，人們可以根據個人實際情況選擇自動轉存或約定轉存。另外，定期存款或者大額存單一旦提前支取，就有可能導致全部或者部分存款會按支取當日的活期存款利率計付利息，也就是說比原本約定的利息減少了。

為了避免遇到意外損失收益的情況，就需要在存錢時運用一些小竅門，盡可能不把手裡的剩餘的錢全存成一筆定期。

 把一筆錢分成數額不同的若干份，再把每份錢存成不同期限的定期。急用時，可以根據實際需要支取相應數額的存款，這樣就能以最小的損失應對意外，而無須因為幾千塊錢就動用幾萬塊錢的定期存款，造成利息損失。

每月將一筆錢存成一年定期，連續存 12 個月。這樣一年之後，每月都有一筆定期存款到期，可供支取使用。如果定期存款到期的當月不需要用錢，那就可以將這些錢與家中的餘款一起存起來。這樣一來，既可以保證定期存款的利息能按約定拿到，也可以滿足家裡的臨時需要。

將存本取息 3 與零存整付 4 結合起來，讓本金和利息都可以產生利息，這樣相當於一筆錢賺了兩筆利息。舉個例子，王先生想拿出 5 萬元來做 5 年的定期存款，那他可以先將它按存本取息的方式存起來，這樣他每個月都可以領取相應的利息。1 個月以後，他拿到了第一筆利息，再用這筆錢開一個 5 年期零存整取的帳戶。王先生每個月都把得到的利息存入零存整取帳戶，就可以讓這 5 萬元多賺一份利息了。

當然，每個人或者每個家庭的實際情況千差萬別，可以根據需要靈活選用合適的儲蓄方法，在滿足自己需求的基礎上盡可能獲得更高的收益。

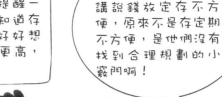

原來存錢還有這麼多講究啊，我得回去提醒一下我爸媽，別只知道存活期、定期，得好好想想怎麼存錢收益更高，急用時還方便！

是啊，以前老聽爸媽講說錢放定存不方便，原來不是存定期不方便，是他們沒有找到合理規劃的小竅門啊！

1.單利的計算公式為：利息＝本金×利率×時間（即存款、放款的期限）

2.利率：單位時間內（如1年、1月、1日等）利息與本金的比率。

3.一種一次存入本金，分次支取利息，到期一次性支取本金的存款方式。

4.一種分次存入本金，到期一次性支取本息的存款方式。

4. 如何讓錢迅速變多？

儲蓄這種理財方式雖然安全，但收益比較低，利率能達到 3% 就已經很高了。大部分人的定期存款由於本金太少或者存款期限不夠，利率連 3% 都達不到。所以，現在很多人都不願意把錢存在銀行，反而願意嘗試一些收益較高但也有一定風險的理財方式，比如把錢投入股市。

股市是個神奇的地方。在這裡，錢可能會迅速變多，也可能會急速減少。為什麼呢？在回答這個問題之前，我們先瞭解一下什麼是股市。

股市，簡單說就是買賣股票的市場，是股票發行和交易的場所。那麼股票又是什麼呢？

假設你的鄰居趙大哥是一家股份公司的老闆，最

近他因為公司業務拓展需要籌集 100 萬元，可是他只有 70 萬元，那不夠的資金該怎麼籌辦呢？他想到了一個辦法，就是從外部募資。若跟銀行貸款，必須支付較高的利息，還有時間限制。趙大哥不想貸

把錢拿來投資我準沒錯！

機智問答

　　股票：股票就是股份公司簽發的證明股東所持股份（股份就是把公司資本總額按相等金額分成的基本單位），並有權取得股息的書面憑證，是可作為買賣對象或抵押品的有價證券。

　　每股股票代表股東對該公司有一個基本單位的所有權。每個股東持有的股票數量占公司總股本（總股本是指新股發行前的股份和新發行的股份的數量的總和）的比重決定了其所擁有的公司所有權份額的大小。

　　股東可以憑藉股票獲得股利（股息和紅利的總稱），也可以按照自己的意願轉讓、買賣股票，但不能要求公司返還其出資，同時還需要承擔公司運作失誤所造成的風險。

款，所以他找到了三個有點閒錢的朋友，對他們講述了未來公司的發展規劃，開始畫起大餅了⋯⋯。他承諾誰願意投資 30 萬元，他就將自己公司新業務板塊未來每年的利潤給誰。這三個朋友經過仔細調查研究，覺得趙大哥公司的新業務很有發展潛力，未來應該可以賺很多錢，於是便同意入股投資。就這樣，他們每個人投了 10 萬元，拿到了 10 萬元的入股憑證，而這個憑證就是股票。

現在，趙大哥的三個朋友拿到股票，成為趙大哥新創公司的投資人，而趙大哥成了幫他們「打工」的人。趙大哥為公司賺取的每一分錢都需要按約定分一部分給他們，這些錢就是他們憑藉股票獲得的股利。趙大哥的三個朋友躺著就可以賺錢，這聽起來是不是很棒呢？

但是，沒有一個公司能夠保證永遠賺錢，股利多少會受到多種因素的影響，所以收益並非固定的，有可能很多，也有可能變少，甚至還有可能會沒有分紅，甚至賠錢。

當然，除了股利，人們還可以透過轉讓或買賣股

票賺錢。

我們繼續來看看下面這個例子。

過了五年，趙大哥的三個朋友發現大哥公司的新業務出現一些潛在的問題，雖然暫時不會對公司發展造成影響，但未來可能會導致公司的發展受阻。他們作為股東，於是向趙大哥提出一些建議，但趙大哥聽完後拒不接受。於是，他們選擇把手中持有的趙大哥公司的股票賣掉。畢竟這五年，公司發展不錯，股票價格漲了不少，他們將手上的持股全數賣掉還賺了 20 萬元，因此除了每年的股利外，他們各自還淨賺了 10 萬元。

他們如果沒有發現公司的問題，沒有及時賣出手中的股票，再繼續持有五年，到時可能就會發現，趙大哥公司的股票價格下跌了不少。' 當初以 10 萬元買下的股票如今可能只有 9 萬元的價值了，若到那時再為了停損而賣出股票，就有可能虧本了（如果算上之前得到的股利，也有可能不虧本）。

簡單來說，發行股票就是股份公司籌集資金的主要途徑之一。與向銀行貸款相比，用發行股票的方式

我大概明白什麼是股票了，可是如果我沒有像趙大哥這種在開公司的朋友，想買股票的話，要去哪裡買？

來籌集資金，既沒有時間限制，也無須還本付息，只需要在未來的利潤裡分出一部分來支付股利即可。對公司來說，這無疑是最經濟的募資方式。而對投資人來說，如果這個公司發展前景看好，值得投資，那麼利用閒置的錢來賺取可能的高收益，即使有風險，也是值得一試的。

大多數人都不可能認識股份公司的老闆，但是買股票並不需要認識他們。因為大部分的股票交易，都是在證券交易所裡完成的。

證券交易所裡不僅能進行股票交易，還可以進行

為什麼股票交易的場所不叫股票交易所，而要叫證券交易所呢？

其他有價證券的公開交易。有價證券本質上是一種憑證，代表持有人對貨幣、資本和商品具有一定權利。股票、債券都是有價證券中的資本證券。

但是普通人很難直接進入證券交易所進行交易，因為很多證券交易所都是會員制的非營利性法人。而那些無法達到進入門檻的普通人，如果想要買賣股票，又該去哪裡呢？當然是去證券公司了。

機智問答

證券交易所：就是證券買賣雙方進行公開交易的場所。證券交易所既不直接買賣證券，也不決定證券的價格，只為買賣證券的當事人提供場所和各種必要的條件及服務。證券交易所分為公司制證券交易所和會員制證券交易所。

1613 年於荷蘭阿姆斯特丹設立的交易所，是世界上最早成立的證券交易所。目前，世界上有很多證券交易所，比如座落在美國百老匯大街上的紐約證券交易所、日本的東京證券交易所和英國的倫敦證券交易所等皆是。

機智問答

　　股份公司：台灣只有股份公司可以發行股票，其他類型的公司雖不可以發行股票，但也有股東，而且很可能不止一個。所有股東作為出資者，按出資額（股東另有約定的除外）享受相應股權，承擔相應責任。

　　股份公司又分上市公司和非上市公司，只有上市公司向社會公開發行的股票才能在證券交易所上市交易，非上市公司發行的股票只能進行場外交易（在證券交易所之外的市場上進行的證券交易活動）。投資者通過買賣股票來獲得投資回報的行為就是我們經常聽人說的「炒股」。

　　台灣合法設立的證券公司很多。接下來，就是要細選一家證券公司，與它簽訂證券交易委託協定，並實名開立帳戶。這樣就可以用書面、電話、自助終端、網路等方式，委託該證券公司買賣股票了。現在大多數人都習慣通過股票交易軟體進行網路開戶買賣股票，因為方便快捷，足不出戶就可以辦好所有事。不過，

在選擇證券公司時，最好選擇實力強大、信譽好的大公司。因為這樣的公司能更好地保障投資者的資金安全，相對來說服務水準也更高。

需要注意的是，股票交易是有一定規範的，投資者要是什麼都不懂就盲目跟風買股票，很有可能會糊里糊塗地賠進全部身家。所以在進行股票交易前，一定要做足功課，仔細分析研判，覺得有把握再下手，切不可盲目跟風，淪為被別人收割的「韭菜」[1]。

1.「韭菜」一詞常常被用來形容金融圈裡的某些普通投資者。這些投資者因自身對投資工具的理解不深，經常被某些專家誤導購買股票、基金等理財產品，往往最終以賠錢告終。

5. 千變萬化的股票市場

　　想炒股，首先要弄明白股市的運行原理，這就需要了解一些專業術語。

　　我們先來看一組你一定聽過的名詞：牛市與熊市。

　　牛市與熊市是股票市場行情的兩種不同趨勢。股票價格持續上漲，成交額上升，交易活躍，叫作牛市；而股票價格持續下跌，成交額下降，交易呆滯，叫作

熊市。當然，並不是說牛市時股價只漲不跌，熊市時只跌不漲。相反地，無論是牛市還是熊市，股票價格都是有漲有跌的，只不過牛市時股價是大漲小

跌，而熊市時股價則是大跌小漲。

　　牛市和熊市都與股票價格的漲跌有關，而影響股價的因素有很多，比如政治經濟因素、公司經營情況、市場性因素等。

機智
問答

　　牛市 VS. 熊市：牛市與熊市的說法起源於美國。據說是因為牛的眼睛總是向上望，且跑起來強勁有力，而熊的眼睛經常向下看，且身體笨重，跑起來比較遲鈍，故將股票價格持續上漲的行情稱為牛市，持續下跌的行情稱為熊市。

　　股票市場不可避免地會受國內外政治環境的影響，某些政治領域的重大事件往往會引發股價的劇烈波動，比如戰爭就可能導致某些公司股票的市場價格暴跌。

　　國內的經濟政策和各項經濟指標，對股票市場也有著不可估量的影響，比如貸款利率下調，公司的經營成本也會隨之降低，獲利相對增加，這就會吸引大量資本來投資股票，股價就會上漲；反之，貸款利率上升，公司經營成本提高，獲利相對減少，投資者購買股票的需求及意願就會降低，可能還會有個別投機者拋售股票，導致股價下跌。

　　國內的經濟形勢對股票市場也有重要的影響。在經濟繁榮時，公司產品銷量好，獲利多，投資者也願意將資金投入股市，股價就會上漲；而在經濟衰退時，公司產品滯銷， 獲利減少甚至虧損，股票對投資者的吸引力減弱，股價就會下跌。

　　再者，公司經營狀況也會影響該公司股票的價格。公司獲利變多，可供股東分配的利潤就多，自然就會吸引投資者購買，股票價格自然看漲；反之，公司獲

利變少，可供股東分配的利潤短少，這時就很難吸引投資者購買，股票價格自然看跌。

需要注意的是，投資者在評估時，看的並不是公司現在的收益情況，而是未來可能的收益情況。而且，公司盈利對股價的影響力，有時候小於同時期發生的重大政治、經濟事件，從而導致股價變化與公司當前盈利狀況不一致。

市場性因素也會導致股價波動。比如，一些實力雄厚的大公司或經紀人大量購買股票，吸引普通投資者也紛紛購買，股價就會上漲；如果他們大量出售股票，普通投資者也紛紛跟風出售，股價就會下跌。再如，因為操作人員搞烏龍，例如股票交易員、投資者等在交易時因為不小心敲錯價格、數量、買賣方向等，直接導致股價在瞬間急劇波動，這也很常見。

所以，想要判斷股票市場目前究竟是處於牛市還是熊市，就需要用到**股票走勢圖**。它們通常也能叫作股票分時走勢圖，能夠反映股票即時交易的情況。它把股票市場的交易資訊用曲線即時顯示在座標圖上：橫軸表示交易時間；左側縱軸的上面表示股價（其中

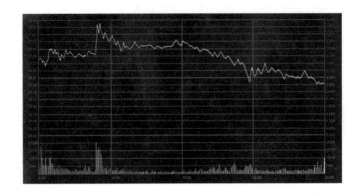

白色數位為前一交易日收盤價，高於這個價格用紅色數字表示，低於這個價格用綠色數字表示），右側縱軸的上面表示當前時刻的股價較前一交易日收盤價的漲跌幅（通常用百分比表示），縱軸的下面則表示成交量。通過看股票走勢圖，你很容易就知道在某個具體時間內某只特定股票的價格是多少，成交量是多少。

所有投資者都希望自己能在市場底部買入股票，再在市場頂部將股票賣出，賺最多的差價。但是股市千變萬化，未來會發生什麼很難預測。所以，投資者能做的就是做好功課，等待合適的時機，及時買進看中的優質股。

投資者買入股票叫作建倉，持有股票叫作持倉，

為保持股票持有量不變而進行的先買後賣或者先賣後買的交易行為，叫作平倉。這裡的「倉」是什麼意思呢？你可以把投資者的帳戶想像成一個糧倉，而投資

　　倉位：投資者所持有的購買股票的金額占其資金總量的比例，也叫持倉量。根據不同的比例，大致可分為空倉、輕倉、半倉、重倉和滿倉。

　　清倉或平倉：沒有買入任何股票或投資者將所持有的股票全部賣出，只持有資金。

　　輕倉：已買入股票所投入的資金份額占擬投資總金額的比例較小。一般來說，30%以下的算輕倉。

　　半倉：投資者將一半的資金買成股票，一半資金保留以備不時之需。

　　重倉：已買入股票所投入的資金份額占擬投資總金額的比例較大。一般來說，70%以上的算重倉。

　　滿倉：投資者將所有資金全部買成股票。

者用於投資的資金是買糧食的錢，購買的股票就相當於放入糧倉裡的糧食。想要低價買入，高價賣出，賺到更多差價，除了學會分析股票走勢圖外，還要能夠根據股市變化隨時調整自己的**倉位**。

投資者看好某只已經持有的股票，在原來的基礎上繼續花錢購買這檔股票，叫作**加碼**。投資者對後面的市場行情不確定或者不看好，選擇賣掉一部分現在持有的股票，叫作**減碼**。倉位管理在投資中非常重要。一般來說，平時倉位元儘量保持在半倉狀態；在市場環境非常好的時候，可以考慮短時間滿倉；在金融危機、市場動盪的時候，可以選擇空倉，等待機會。倉位管理得好，可以使自己收益最大，損失最小。

當然，想要通過投資股票賺錢，就需要認真研究股票市場的行情走勢，盡可能準確預測某檔股票未來股價的漲跌情況。這是件很複雜的事情，不僅需要研究股票走勢圖，還要瞭解相關的宏觀經濟形勢、行業發展前景、公司經營狀況等，將所有資訊綜合研判，才有可能預測出相對令人滿意的結果。

其實，無數優秀的經濟學家、投資大師致力於尋

找股票市場運作的內在邏輯和規律，可他們潛心研究了這麼多年，形成了不少股票投資理論，比如價值投資理論、技術分析理論等，卻沒有一種理論能令所有人信服並且經得起時間的考驗。但是，了解足夠的專業知識，還是很有必要的。一個人如果什麼都不懂，也學別人炒股，就有可能蒙受巨大的損失。你如果對股票投資理論感興趣，可以找專業的書來看，說不定會有意想不到的收穫呢！

6. 選股是技術，更是藝術

　　要從幾千檔股票中，選出幾檔績優股可不是一件容易的事。一般來說，看一檔股票是否能賺錢，要從技術面和基本面兩方面來分析。

　　技術面分析指對反映股票價格變化的技術指標、走勢形態等進行分析，主要圍繞股票走勢圖展開，據

此預測股票價格變動方向和變動程度等。技術面分析對市場的短期變化反應比較快，但無法預測長期趨勢，比較適合短期行情預測。

基本面分析指對宏觀經濟形勢、行業發展情況和公司經營情況等進行分析，據此研判該公司股票的投資價值，以便從中挑選出最值得投資的股票。這種分析方法能夠幫投資者從大局出發把握股價未來的基本走勢，但用來預測短期行情效果較差，精確度較低，更適合中長線投資者使用。

其實，對普通人來說，不管是從技術面還是從基本面分析，最主要的還是找到一家好公司，買入它的股票，獲得可能的收益。那麼怎麼才能從幾千家公司中找到一家好公司呢？

我不太懂……

首先，我們必須充分了解宏觀經濟形勢，也就是國家當前的經濟政策、經濟指標等。因為這往往決定了股票市場的整體發展趨勢。股票市場對國家宏觀經濟形勢非常敏感。從某種程度上說，股市是宏觀經濟的溫度計。所以，了解諸如貨幣政策、財政政策、產業政策等國家經濟政策，以及國內生產總值（GDP）、通貨膨脹率、利率、匯率等經濟指標，對我們預測某個時期，整個國家經濟的發展狀況、把握證券市場的整體發展趨勢，可說非常重要。

但是，需要注意的是，某個時期的宏觀經濟情況，與各個行業的實際情況，不一定完全吻合，需要具體情況具體分析才行。

其次，要瞭解行業發展情況。比如，行業在國民經濟 1 中地位的變化，發展前景和潛力，新興行業的衝擊，區域經濟 2 的影響，政策扶持力度等。如果說瞭解宏觀經濟形勢是幫助我們把握大局的利器，那麼選擇好的行業就是選擇績優股的第一步。雖說三百六十行，行行出狀元，但每個行業發展情況都不盡相同。某些行業經過多年發展，成長空間很有限；

某些行業處於衰退期，市場非常不景氣。在這些行業裡，即使是龍頭企業，發展也很艱難，投資這樣的上市公司，風險相對較大。

而某些新興行業發展空間和潛力均很大，某些行業甚至還被國家重點扶持，享受很多優惠政策，這些行業便更容易出現經營大好的公司，投資它們風險相對來說會小一點。

最後，要認真分析公司的經營情況。

我們可以從公司發展前景、經營戰略、競爭能力、盈利能力、經營管理效率、財務狀況等方面進行分析。分析一家公司是不是好公司，而一般會用到下面介紹的這些概念。

一、市場份額

市場份額能夠比較直接地反映，相較於同類企業的商品，這個企業所出產的商品在市場中的地位。通常市場份額越高，企業競爭力越強。各個行業的龍頭企業，一般都有比較高的市場份額。

市場份額並非一成不變。每家公司都在不斷利用

各種方式提高自己的市場份額，努力成為各自行業的領頭羊。不過，有時候並不是市場份額高的利潤就高。比如，某些公司為了提高市場份額，在廣告宣傳上砸下重金，或對消費者大幅讓利，導致銷售總量雖然提高，但銷售的淨利潤卻反而下降了。

所以，投資者在關注一家公司所占市場份額的同時，也要看一下它的主要營業收入和淨利潤，只有既能做大又能做強的企業，才有可能是好公司。

二、財務報告

上市公司按法律法規的規定，定期對外公開財務狀況和經營情況，記錄這些資訊的檔就叫作財務報告。財務報告包括財務報表，以及其附註說明和其他應當在財務報告中披露的相關資料和資訊。台灣證券交易所規定，台股各家上市櫃公司每個月、季、年，都要公布財報，而未在規定時間公布財報的公司，會被處以停止交易，若 6 個月後仍未能繳交財報，再經 40 天公告期，就會被處以下市櫃。

而上市櫃公司每月營收需在每月 10 日以前公布；

去年度整年財報則是在 3 ／ 31 前公布；第一季財報是在 5 ／ 15 前公布；第二季財報是在 8 ／ 14 前公布；第三季財報是在 11 ／ 14 前公布；第四季財報及年報則是在隔年 3 ／ 31 前公布。

機智問答

財務報告：

1. **財務報表**：企業、機關、事業單位或其他經濟組織根據帳簿和有關資料編制的書面報告，用來說明該單位的財務狀況、生產經營（或預算執行）情況及其結果。主要包括資產負債表、利潤表和現金流量表等。

2. **資產負債表**：反映企業在一定時期內的財務狀況（資產、負債、所有者權益及其相互關係）。

3. **利潤表**：反映在一定時期內企業的收入、支出及淨利潤情況。

4. **現金流量表**：反映企業一定時期內營業、投資和理財活動所引起的現金和現金等價物流入和流出資訊的報表，可用於分析該企業在短期內有無足夠現金應付開銷。

想要選個好公司，學會財務分析至關重要。而分析公司財務報表主要是從報表中分析該公司的成長性、安全性、收益性和周轉性，從而評估該公司的發展能力、償債能力、獲利能力和公司經營能力等。

三、本益比

幾乎每個人在分析股票時都會考慮本益比。我們通常喚作「××率」的，都是兩個相關的數的比值。那麼市盈率又是哪兩個數的比值呢？

假設 A 公司的股票每股市價為 30 元，去年稅後淨利潤為 200 萬元，其發行在外的股票總數是 100 萬股，那麼 A 公司的每股稅後淨利潤是 2 元

（2000,000÷1,000,000=2）。A 公司的本益比為每股市價與每股稅後淨利潤的比值，也就是 15（30÷2=15）。當然，你並不需要自己計算某檔股票的本益比，因為現在的股票交易軟體很方便，當你查看某檔股票的股價和個股資料時就可以看到它。

本益比非常重要，因為它可以粗略反映某檔股票與市場上其他股票相比價格偏低還是偏高。所以在買

機智問答

本益比： 本益比的英文是 Price-to-Earnings Ratio，簡稱 P／E Ratio，指股票每股市場價格與每股稅後淨利潤的比值。它反映了投資成本與收益之間的關係，是國際上通用的衡量股票投資價值的重要指標，也是確定新股發行價格的參考依據。

本益比 = 每股市價 ÷ 每股稅後淨利潤

其中，每股稅後淨利潤可以按上年度實現的稅後淨利潤計算，也可按本年度預計稅後淨利潤計算。

股票前，投資者一定要關注本益比這項指標。

　　一般情況下，本益比越低的股票越值得買。比如 A 公司的本益比為 12，B 公司的本益比為 35，那麼對投資者來說，兩個公司同樣盈利 1 元，投資 A 公司只需支付 12 元，投資 B 公司就需要支付 35 元。但萬事無絕對，某些新興行業的公司發展空間很大，即使本益比很高，也會有大批投資者看好它們，買入其發行的股票。而某些瀕臨破產的公司，其本益比可能很低，投資者購買前如果不瞭解清楚其財務穩定性和安全性等方面的情況，盲目投資，很可能血本無歸。

　　當然，對投資者來說，本益比只是個參考，要想判斷某公司的股票是不是績優股，還要分析股票的成長性。因為股票的成長性降低可能會引起股票市價下跌，而股票市價下跌又會導致本益比下降。這就需要投資者動態分析該公司盈利能力的變化，還要通過分析該公司的利潤構成、淨利潤率和經營現金流等情況來判斷其獲利品質的高低，由此判斷該公司未來可能的收益情況。

　　如果只看本益比，不顧股票的成長性，所選的股

票很可能是曾經還不錯，但現在風險很大的垃圾股。

四、股價淨值比

股價淨值比看著是不是和本益比很像？

但是它們表示的意思可不一樣。

一般來說，本益比較低的股票，投資價值較高。因為本益比低，股票的市場價格就低，表示股票溢價少，如果買入，今後股價回升，就會有較大的獲利空

機智問答

股價淨值比： 股價淨值比的英文是 Price-to-Book Ratio，簡稱 P／B Ratio， 指股票每股市場價格與每股淨資產的比值。

股價淨值比＝每股市價÷每股淨資產

其中，每股淨資產可以用股東權益總額除以總股數得出。股東權益總額是指公司總資產中扣除一切無形資產和總負債所餘下的部分，也叫淨資產。

間。但並不是說本益比越低越好，和本益比一樣，投資者絕不能僅憑本益比就選擇投資哪檔股票，必須綜合考慮市場環境和公司經營情況、盈利能力等，再做出判斷。

五、市值與估值

市值指的是股票的市場價值，即一家上市公司向社會發行的所有股票，按市場價格計算出來的總價值，其計算公式為：

市值＝每股股票的市場價格 × 發行總股數

每家上市公司的市值是不斷變化的，因為每家公司股票的市場價格在不斷變化。僅以一個交易日的情

況看，一檔股票的開盤價、收盤價、最高價、最低價都有可能不同。一般來說，短期投資者一般會比較重視股票市值的變化。

估值則是對某上市公司股票的內在價值進行評估。假如評估出的內在價值高於該股票目前的市場價格，則該股票被低估了，可以買入，甚至可以加大資金投入；假如評估出的內在價值低於該股票目前的市場價格，則該股票被高估了，不能買入，如果已經購入該股票，則可以考慮逐步賣出。長期投資者、價值投資者一般會比較重視股票的估值。

估值時，比較常用的兩個參考指標是本益比和股價淨值比。一般情況下，本益比、股價淨值比較高時，說明個股被高估，不具備投資價值；本益比、股價淨值比較低時，說明個股被低估，具有比較大的投資價值。

當然，影響估值的因素還有很多，比如作為公司無形資產的商譽。一家公司由於信譽卓著，獲得了顧客的信任，或者由於歷史悠久，累積了豐富的從業經驗，又或者由於技術先進，獲得了市場競爭優勢……

這些無形價值就是商譽。商譽雖然看不見摸不著，但能使公司獲得超過同行平均水準的獲利能力。

簡單來說，目前被大多數投資者公認的選股標準就是「好行業、好公司、好價格」。如果投資者能找到這樣的股票，並在合適的時機入手，就有可能獲得不錯的收益喲！

感覺選股票好難啊！別的不說，光是找到有用的消息就不容易。網路消息那麼多，全部都混在一起，實在很難分辨。

是啊，不過這世界本就沒有容易的事，你就別想著天上會掉餡餅了！趕緊好好學習，才有可能賺到錢！

1. 一個國家或地區範圍內各產業部門的總稱，包括第一產業農業，第二產業工業以及為生產和生活服務的第三產業的各部門。

2. 特定地域空間內，經濟發展的內部因素與外部條件，相互作用後所產生的生產綜合體。

7. 什麼是債券？

　　你的爺爺奶奶、爸爸媽媽有沒有買過一種叫「國債」的東西？國債其實就是一種債券。簡單來說，國債就是政府向平民老百姓借錢的憑證，你也可以把它當成一種特殊形式的借據。因為借錢的人是國家，有國家財政信譽做擔保，所以國債擁有最高的信譽度，安全性非常高。

　　根據不同的劃分方式，國債可以分為好多種。台灣的國債專指財政部代表中央政府發行的國家公債，由國家財政信譽作擔保，信譽度非常高，歷來有「金邊債券」之稱，穩健型投資者喜歡投資國債。 可分為憑證式國債、無記名（實物）國債和記帳式國債三種。除了國家，其實金融機構、公司（企業）都可以向社

會上的人或者機構借錢。它們借錢的憑證就是債券。

　　和國債一樣，它們發行的債券都會約定借多少錢、在什麼時間還款、利息怎麼算等。所以，債券其實就是政府、金融機構、公司（企業）等為了籌集資金直接向社會發行，約定在一定期限內還本付息的有價證券。

　　債券的分類方式很多，這裡只選最主要的幾種簡單介紹一下。

　　一、按「發行主體」，主要可分為以下三種：

　　1. 政府債券（包括國債和地方政府債券）：是政府為籌集資金發行的債券。地方政府債券和國債都是由政府發行的，只不過發行主體一個是地方政府，一個是中央政府。

　　2. 金融債券：由銀行及其他金融機構發行的債券，因為政府對銀行等金融機構的監管力度很強，所以金融債券也有較高的安全性，利率通常比同期的公司（企業）債券低， 但比同期的風險更小的國債和銀行儲蓄存款利率高。

　　3. 公司（企業）債券：由公司（企業）發行的債券，

風險最高，相應的收益也最高。

二、按「付息方式」分，一般也有三種：

1.零息債券：不支付利息的債券。零息債券的票面上不規定利率，發行時按規定的折扣率，以低於債券面值的價格發行，到期按面值支付本息。面值與發行價格的差額就相當於投資者持有債券期間獲得的利息。

2.定息債券：顧名思義，就是固定利率的債券。

3.浮息債券：就是利率浮動的債券，其利率隨市場利率變化。

相對來說，債券的風險小於股票，但並非完全沒有風險。如果 A 公司發行了無擔保債券 **1**，但由於行業不景氣、公司經營不善等原因瀕臨破產，就很有可能無力兌付債券本金及利息。這就是債券的信用風險，即債券發行人不履行到期債務的風險。

有些債券交易很封閉，一旦有急用時很難賣掉，除非降價出售；有些債券交易有時活躍有時呆滯，極不穩定，這些就是債券的流動性風險，為了盡可能降低這種風險，建議最好分散持有。另外，雖然一般債

券的票面利率和面值都是固定的，但債券的收益不一定是固定不變的。

債券發行人當然沒有權力隨意變動債券的面值和利率，如果購買者一直持有債券，那麼債券到期之後就能得到約定的利息。但是很多債券是可以上市交易的，一旦進入市場，人們的收益就不局限於利息了，還包括買賣債券時賺取的差價等。當然，債券上市交易不一定賺錢，也有可能虧錢。因為市場利率是不斷變化的，人們從買入債券的那一刻起就知道這張債券到期後可以拿回多少錢，但如果他們在債券到期前將其賣出，剛好那時市場利率上升了，那麼他們就需要按上漲後的市場利率賣出債券，也就是說債券的賣出

機智問答

債券怎麼買？ 對個人來說，買賣債券最好去證券市場或者商業銀行。選擇官方管道很重要，這可以最大限度地保護自己的利益。

價格必須比買入價格低，才會有人願意接手，如此一來，就會虧錢。

　　但即使存在風險，債券依然是證券市場交易中風險較低的金融商品，大多數人買債券都是賺錢的。所以，投資者如果能認真研究一下債券投資的策略和技巧，獲利機會還是很高的。

債券的面值和票面利率都固定，那利息就是固定的啊，為什麼收益會不固定呢？難道債券發行人還能反悔，自己隨意變動利率嗎？

機智問答

　　債券交易的風險：需要注意的是，高利率的債券投資風險也會高，一定不能只看票面利率高就買。有時候，公司發行高利率的債券其實是因為經營情況比較困難，希望靠高收益吸引人來投資，好渡過難關。一般情況下，有擔保的債券比無擔保的債券風險低。

1. 也叫「信用債券」，不提供任何形式的擔保，僅憑發行人信用發行的債券，包括國債、公司（企業）債等。

8. 什麼是基金？

　　每當發生地震、水災時，就會有「×××基金會」向災區捐款的新聞出現。不過，我們這裡說的基金可不是爸爸媽媽口中那種能賺錢的基金，慈善基金或公益基金都屬於廣義的基金。簡單來說，就是為了某種目的而儲備的資金或專門撥款，只能用於指定的用途，比如，社會保險基金就只能用於支付社會保險待遇。

　　我們接下來要講的基金是狹義的基金，主要指證券投資基金。證券投資基金簡稱「投資基金」或「基金」，是一種利益共用、風險共擔的集合投資制度，通過「組建」基金的方式，將資金籌集起來，委託專業人員進行投資操作，再把收益分配給投資者。通俗來講，證券投資基金就是將籌集起來的錢，分散投資

於股票、債券或其他金融資產，然後將收益分配給投資者。

假設一個投資者認真研究了 A 公司，覺得它很有投資價值，決定買入它發行的股票或者債券，這個過程完全是由他自己決定和執行的。但是如果他不知道怎麼選好公司、好股票，能用於投資的錢也有限，可是又特別想靠投資賺點錢，那麼他該怎麼辦呢？當然是找專業人士幫忙了。只有他一個人去找專業人士幫忙，人家肯定不願意，因為收益太低、風險太大嘛，但如果有一百個他、一千個他同時都找這個專業人士幫忙呢？是不是情況就不同了？

機智問答

社會保險 vs. 社會保險基金：兩者從字義上來看很相似，但卻並不是同一件事。

從定義上看，社會保險是一種社會保障制度，而社會保險基金是為了保障保險對象的社會保險待遇，進而籌集而來的專項資金。

專業人士擁有豐富的投資經驗，能夠充分發揮投資者們提供的這一大筆錢的價值，幫助他們控制風險、爭取收益。這個專業人士就是基金管理人。基金管理人並不是一個人，而是一個機構，因此我們也稱其為基金管理公司。基金管理人負責基金的募集、管理和運作，可以在有效控制風險的基礎上，幫投資者爭取最大的投資收益。

基金分成三種類型，依照風險高低不同：

1. 股票型基金：指的是基金 70％以上持有股票的基金，通常屬於「一籃子」的投資概念，包含許多產業的股票，注意有些基金名稱前若有中小型、科技類等字眼出現，那該款基金就是比較偏向單一的產業的投資走向，價格波動相對較高，記得多留意自己持有的股票型基金是屬於哪一類！

2. 債券型基金：這類型的基金波動較小，基金獲利來源為「債息」和票面的「價差」，政府公債、企業債券或金融機構發行的債券等多為該基金較常接觸的投資項目。

分類表準	類型	
基金份額是否可以增加或贖回	**開放式基金** 比較靈活，規模不固定，隨時可以申購或贖回。	**封閉式基金** 不僅規模固定，連申購、贖回時間也是固定的，不到期無法贖回。
募集範圍	**公募基金** 募集物件是社會公眾，即不特定投資者，通過公開方式進行募集。公募基金對資訊披露的要求非常嚴格，一般不提取業績報酬，只收取管理費。	**私募基金** 募集物件是少數特定投資者，包括機構和個人，通過非公開發行方式募集。私募基金對資訊披露的要求很低，具有較強的保密性。通常只收取業績報酬，不收管理費。
交易地點	**場內基金** 可以在證券交易所買賣的基金，比如在上海證券交易所和深圳證券交易所中交易的基金。	**場外基金** 在證券交易所以外的地方買賣的基金。場外基金交易管道很多，比如基金公司，銀行、證券公司等金融機構都是。
投資理念	**主動型基金** 基金經理自主選股票，一般尋求的是超越市場水準的業績表現。	**被動型基金** 不主動尋求超越市場水準的業績表現，而是試圖複製指數的表現，受基金經理的影響較小。

3. 貨幣型基金：這款基金也是持有債券，只不過是一年以下的「短期票券」**1**，像政府國庫券、銀行定存單等報酬率大約在 0 ～ 1.5%區間，一般為「資金停泊」的短暫選擇。

看到「被動型基金」，你是不是又迷糊了？

基金管理人可真厲害，能遊刃有餘地選擇基金。不過，把自己辛苦賺來的錢交給基金管理人打理，萬一基金管理人捲款潛逃了，怎麼辦？！

什麼叫「試圖複製指數的表現」？

「指數」指的是什麼東西？

其實，被動型基金通常也叫指數型基金。「指數」這個詞你可能不好理解，它的全稱是股票價格指數。

你可以把股票價格指數簡單理解為各個金融服務機構按照某個規則從股票市場中選出來一系列有代表性的股票（這些股票就是該指數的指數股），再把它

們的股價進行一系列複雜計算得到一個結果。這個結果可以反映市場上同類股票的價格水準，幫助我們瞭解股票價格整體比昨天漲或者跌了多少。

指數型基金就是以特定的股票價格指數（如那斯達克綜合指數）的指數股為投資對象，通過購買該指數的全部或部分指數股來追蹤該指數表現的基金產品。如果說其他類型的股票型基金是廚師自己定菜單來做菜，指數型基金就是廚師照著大廚的菜單試煮，以試煮成果最像為目標。

買基金當然可以像買股票、債券那樣一次性買入

機智問答

股票價格指數：這是證券交易所等金融服務機構為度量和反映股票市場總體價格水準及其變動趨勢而編制的股價統計指標，能在一定程度上反映市場所在國或地區社會、政治、經濟變化狀況。著名的股票價格指數有道瓊工業平均指數（簡稱「道指」）、標準普爾 500 指數等。

若干份額，但還有一種比較特殊的基金購買方式，叫作「定期定額」投資法，又被稱作懶人投資法、平均成本法，對於忙碌的現代人來說，定期定額可以說是最容易上手的投資方式。

　　「定期定額」投資法的投資門檻不高，大約是每個月 3,000 元新臺幣，普通人投資時很容易因為把握不好買入時機而虧錢，但基金定投因為是每月定期投資，完全不用考慮時間節點的問題，無論市場價格如何波動，長期來看投資者的成本都會比較平均，很大程度上分散了投資風險。所以更適合長期投資。一般來說，若採用「定期定額」投資法來投資，建議選擇指數型基金比較好，因為指數型基金只是跟蹤指數，人為因素的干擾比較少。

每個人的情況都不同，一定要根據自己的財務情況和風險偏好選擇適合自己的商品來投資。基金定投也一樣。雖然指數型基金通常被認為最適合定期定額投資，但實際放到每個人身上，那就不一定是這樣的啦！最合適的才是最好的喲！

機智問答

「定期定額」是什麼？簡單來說就是在固定時間（例如每個月6號）投入固定金額（每個月扣款3,000元）來投資台股基金，這就是定期定額。

採用類似強迫儲蓄的方式，讓投資人定期投入資金到市場中，藉以降低一次進場反而容易套在高點的窘境，對於投資市場尚不熟悉的投資人來說，風險相對較低。再者因為投資門檻低，加上資金可以彈性設定，更適合大眾投資人進場。

1.也叫「短期金融市場」，是進行一年期以內各種資金借貸、融通活動的市場。在這個市場上交易的短期有價證券包括商業票據、短期國債、可轉讓定期存單等。貨幣市場具有期限短、流動性強和風險小的特點。

9. 哪些投資商品最好別碰？

你在日常生活中有沒有聽說過「期貨」、「私募」或者「選擇權」？

你知道它們是什麼意思嗎？

或許你對它們的理解僅限於有人靠它們賺了大錢，有人卻因為它們欠了一屁股債……。

事實上，它們和股票、債券一樣，也是投資工具。但相對來說，它們的門檻更高，專業性更強，一般投資大眾很難駕馭。所以，即使有人利用它們大賺一筆，但對大多數人來說，它們仍然是投資時應該要避開的雷區。因為高風險帶來的往往不是高收益，而是高虧損，這些投資工具很可能一天之內就能讓投資者虧到傾家蕩產。那種感覺，就跟坐雲霄飛車一樣，但坐雲

霄飛車至少還能讓人覺得刺激好玩，賠錢往往只會讓人痛哭流涕。

這些危險的投資工具，你一定要提前有所瞭解，以防將來蒙受損失，盡可能遠離這些駕馭不了的投資工具遠一點，就可以很大程度上避免巨額損失。

一、期貨

看到這個詞，你能想到什麼？僅從「貨」字來看，期貨應該是某種貨物。再想想「期」是什麼意思……

你聽過「預售屋」這個名詞嗎？這是指簽訂合同時還在建設的，在約定期限內建成並交付使用的房子，與新成屋相比「期貨」你是不是就有點懂了？

對，期貨就是指現在買賣，但是在未來約定日期進行交割的貨物，是與現貨相比而來的專業名詞。

簡單來講，期貨就是未來某個時間內某種大宗商品（如棉花、大豆、石油）或者某種金融資產（如證券、貨幣）的買賣合同，只不過與一般合約不同，這份契約是可以買賣的，而且是由台灣期貨交易所統一制定的標準化契約。

在期貨交易中，投資者可以買入和賣出期貨。所有的投資者都希望在期貨價格低的時候買入，價格高的時候賣出。這是不是和炒股很像？但期貨交易有它

可是期貨和投資有什麼關係呢？

自己的特點。首先，除了個別情況，台灣股市只有價格上漲的時，投資者才能賺錢，價格下跌的時，投資者往往都是賠錢的；期貨則不同，如果投資者操作得當，無論價格是上漲還是下跌，都可以賺錢。

期貨交易還有個特點，就是投資者在購買期貨時，不需要按照合約的實際價值付款，只需要繳納一定比例的保證金，你可以把它理解為買東西時先交的那筆定金。而這個特點就決定了期貨交易只需要交出少量的資金作為保證，你就可以開始做投資了。

舉個例子，我們知道，如果一個人投資股票，股價上漲 15%，那麼他的獲利就是 15％；股價下跌 15％，他就虧損了 15％。但期貨不一樣，比如某大宗商品的保證金比例為 20％，如果其價格上漲 10％，那麼獲利就是 50％；如果其價格下跌 10％，那麼虧損也將是 50％。所以與股票、基金相比，期貨的投資風險顯然更大。

二、私募基金

這就是我們上一篇講到的私募基金。你還記得它

的特點嗎？若忘了，那麼不妨再翻到上一篇去複習一下吧。

　　私募基金投資門檻很高，如果是法人，必須符合最新會計師查核簽證之財務報表，資產總值逾新台幣 5,000 萬元以上之法人或基金，或依照信託業法簽訂信託契約之信託資產逾 5,000 萬元以上者，才能參與私募基金。

　　如果是個人，也必須符合金管會銀行局「高淨值」客戶的定義，也就是個人淨資產必須超過 1,000 萬元，或者本人與配偶淨資產合計逾 1,500 萬元，且最近 2 個報稅年度個人平均年所得必須超過 150 萬元，或本人與配偶平均年所得逾 200 萬元才行。有鑒於此，私募基金並非一般普羅大眾的投資工具，是專門為富有人士或企業等法人而設計的投資管道；有別於共同基金是向社會大眾募集，每檔私募基金的受益人最多不超過 35 人，且每筆投資金額最低不得低於 350 萬元。

　　因此，目前各投信公司成立私募基金後，多半由已投資該公司共同基金的大額投資人中主動洽詢投資意願，私募基金的投資管道即遠不如共同基金般公開。

換言之就是風險很大。

三、選擇權

這個名詞聽起來是不是和期貨有點像？

你能猜出來它是什麼意思嗎？

期貨指的是約定未來某個時間買賣某種貨物，那選擇權是不是就是將某種貨物換成了某種權利嗎？

我們接下來不妨先來瞭解一下與選擇權交易有關的幾個基本概念。

1. 選擇權：事先約定日期，按買賣雙方商定的價格買賣某種特定商品的權利。

1. 選擇權的標的物：選擇權未來要交易的資產，包括股票、政府債券、商品期貨、股票指數等，選擇權就是由這些標的物衍生出來的金融商品。

也因為選擇權是一種衍生性金融商品，對應的標的就是「加權指數」。選擇權就是在玩一個「預測」，就是預測加權指數會漲到那裡？跌到那裡的遊戲。

3. 買入選擇權：選擇權買方有權按雙方議定的價格，在到期前或到期日，買進一定數量特定商品的權

利，故而也叫作「買權」。

4. 賣出選擇權：選擇權買方有按雙方商定的價格，在到期前或到期日，賣出一定數量特定商品的權利，也叫作「賣權」。

恐怕你看了這些概念也想像不出選擇權交易具體是什麼樣子。

沒關係，我舉個例子讓大家理解：

A 先生想要買一瓶可樂，現在是 10 元，但是這瓶可樂在一個月後，可能變成 15 元，所以，A 花了 10 元買下這個交易約定。B 則接受了這個交易約定，收下 10 元，在一個月後，B 必須準備 1 瓶可樂給 A，去履行這個交易合約的約定。

只是一個月後，可能出現的情況，一個是可樂真的漲到 15 元了，所以，A 很開心來要求 B 履行合約，給 A 一瓶價值 15 元的可樂，或是等值的金額。也就是說，A 在這筆交易裡，賺到了 5 元的價差。B 則在這個合約裡賠了 5 元。

另一個情況則是，一個月後可樂壞掉了，東西沒有了，還得再支付處理費 5 元，那麼這時候 A 若是要

履行合約,得再多付 5 元,卻沒任何東西可以取回,試問,A 還會去要求履行合約嗎?沒錯,這時候,A 就會放棄合約,僅損失一開始約定的 10 元。

在這個例子,A 就是買方,須付出權利金,來買下權利,才能在未來獲利時,擁有履約權利,當然,也可以停止更多虧損,選擇不履約,讓權利金認賠。而 B 就是賣方,合約建立時,可收取權利金,但為確保證明自己有履行合約的能力,必須先拿出保證金,等到合約終止時,就能收回保證金,而權利金則成了這筆合約的獲利。

還不清楚,沒關係,我再舉一個更簡單一個例子:

有一塊土地,你認為能從中挖出價值 1,000 萬的黃金,於是你花了 100 萬,買下這塊土地的挖掘權利,並約定期限是一個月,於是,地主收取 100 萬後,便依進度開始挖金礦,只是一個月後,真的挖出超過 1,000 萬的黃金,你能履行合約,拿走黃金,賺取 900 萬的差額。但是,萬一挖不出東西,若你要繼續履行合約,你必須拿更多的錢來投入挖礦,這時明明知道根本是沒有金礦,當然就會選擇放棄,認賠 100 萬元,

而地主則是賺取 100 萬的權利金。

　　看完上面二個例子，你是不是對選擇權有一點點概念了；其實，選擇權的交易情況，常在我們生活上發生，例如下訂金買車子、預售屋、保險、預購演唱會門票等等，你可以選擇要不要去履行合約，若不去履行，損失就是權利金，在選擇權買方上，我們稱為「吃歸零膏」。這是不是很有趣，也很好記。

　　其實對投資者來說，選擇權的投資方式與期貨很類似，就是可以小博大。但選擇權的操作太複雜，專業性太強，對普通人來說實在很難。所以花費大量的時間和精力研究它，很有可能得不償失。

　　當然，還有人投資收藏品、房地產等，但這些投資門檻也很高，需要很強的專業能力或者足夠多的資金才有可能進場。這些投資大多數時候商品流動性差，變現不容易，對普通人來說，風險也很大。所以，如果僅僅是想賭一把，那麼奉勸大家最好打消這個念頭，因為很有可能是偷雞不成蝕把

米，反而惹來自己根本無力負擔的巨額損失。

機智問答

　　比特幣（Bitcoin）：比特幣（Bitcoin）最初由一個名為「中本聰」的人在 2008 年提出，並於 2009 年誕生，具有總量有限、沒有集中發行方、使用不受地域限制和匿名性等特點。但正因為這些特點，比特幣很有可能被一些非法組織利用，進行洗錢等犯罪活動，大家務必要謹慎。

10. 借貸要量力而為

有一種方式可以讓帳戶裡的錢迅速變多，那就是向別人或特定機構借錢。但是，我們很清楚，雖然帳戶裡的錢確實變多了，但終歸不是自己的錢，最後還是得連本帶利地還給借你錢的那一方。

很多時候，因為借錢比還錢容易，這便導致有些人經年累月累積地欠下過大的債務，最後深陷還債泥沼而無力脫身……。當然，無論是你還是爸爸媽媽，甚至是身邊的親朋好友們，免不了都會有急著用錢的時候。所以，正常的借貸本屬常事，無須抵抗。

有人會因為買車、買房或其他原因，向周圍的親朋好友借錢，這種情況屬於民間借貸，向別人借錢的人是債務人，借錢給別人的人是債權人。需要注意的

是，民間借貸因為缺乏監管，還錢大多靠債務人自覺，所以風險比較大。如果債務人無力歸還或者不想歸還欠款，債權人就要耗費非常多的時間、精力，透過打官司或其他方式把錢要回來，光是想想就覺得麻煩透了。

所以，大家一定不要做欠錢不還的事，這樣不僅會讓自己的信譽受損，還會傷害雙方的感情。但如果你是債權人，借錢給對方之前一定要弄清楚對方的人品如何？是否具備還款能力等。最重要的是，你一定

可是讓別人寫借據這種事，實在好難說出口啊！

這是為了保護自己！如果沒有書面證明，告到法院都有可能敗訴呢！

要請對方寫借據或簽訂借款合約，這對保護雙方權益都很重要。

　　除了民間借貸，大家還可以向銀行、信用合作社等從事貸款業務的金融機構貸款，但並不是所有申請

機智問答

個人信用報告：個人信用報告記錄了個人的信用資訊，一個人只要在銀行辦理過信用卡、申請過貸款、甚至為他人貸款擔保等信貸業務，那他在銀行的徵信系統裡，就會有一套完整的基本資訊、帳戶資訊，這些資訊合在一起就是屬於你個人的信用報告。

　　個人信用報告主要包括個人身份資訊核查結果、個人基本資訊、銀行信貸交易資訊（比如是否有銀行貸款、逾期、信用卡透支記錄等）、非銀行信用資訊（水、電、燃氣等公用事業費用的繳費資訊，欠稅情況，民事判決等）、本人聲明及異議標注和查詢歷史資訊。而這些資訊都會影響個人未來在金融機構的借貸行為。

貸款的人，都能從這些機構順利貸到錢。銀行或者信用合作社會審核貸款申請人及其家庭成員的收入證明、個人信用報告等申請材料，據此評估貸款申請人的還款能力，藉以決定是否核貸？如果貸款申請人的收入證明或者經濟實力達不到所申請的銀行貸款產品的相關要求，亦或是個人曾有過不良信用的記錄，比如信用卡透、逾期不還款等，那就很有可能借不到錢囉。

無論出於什麼原因貸款，一定要仔細閱讀合同條款。銀行貸款都會約定貸款用途，因為根據《銀行法》的規定，個人要向銀行申請貸款，銀行必須詢問客戶貸款用途，避免客戶拿了這筆貸款後卻去從事非法用途，例如進行洗錢、賭博等不法行為，既可保護銀行的資產品質，也能為客戶把關，避免受騙。

而你提出的貸款用途，也會直接關係到審查人員判斷的方向，銀行事後也會去核實資金用途，如果發現與當初申請的名目不同（貸款用途不符），例如申請個人週轉金，卻將資金挪來當作買房使用，通常這時銀行發現後，就必須將貸款資金用途更改為購置不動產，且因購置不動產的規定，與個人周轉金的規定

個人信用報告裡的「查詢歷史資訊」經常被大家忽略，但它其實很重要。如果一個人查詢個人信用報告的次數太過頻繁，銀行會覺得他跟多家銀行借了一圈都沒有借到錢，這個人肯定信用有問題，很有可能會因此拒絕貸款給他呢！

機智問答

　　遠離高利貸：千萬要記住，再急著等錢用也別碰高利貸！

　　民間借貸的利率通常由債務人和債權人協商確定，如果超過政府法規明定的利率，那就屬於高利貸，是違法的。現實生活中有很多人因為借了高利貸無力償還，最後傾家蕩產，甚至家破人亡。為了我們未來的美好生活，請記得一定要遠離高利貸！

不一樣，若借款人想要購屋，因央行打房關係，致使貸款成數較低，故很多人不會誠實地跟銀行說明實際貸款資金用途。

　　而銀行一旦發現貸款人的貸款沒有用在合約規範的事項上，就會認定貸款人違約，即可按照合約規定停止發放借款，甚至提前收回借款甚至解約。

11. 理財路上的哪些「坑」……

所謂「你不理財，財不理你」，習慣理財的人經常會將這句話掛在嘴邊，但對大多數想踏入理財門檻的普通人來說，可能還有下半句要聽一聽，那就是「你若理財，財就離開你……」

哈哈，怎樣才能避免成為被收割的「韭菜呢」？

首先，我們要做的，就是避開理財路上的那些「坑」。而那常見的「坑」究竟有哪些呢？

一、夢想一夜致富

總是盼望能找到既擁有收益高，並且還能保本的理財產品，總覺得理財便可幫

自己實現一夜致富的美夢，不想著怎麼積累本金、學習理財知識，只想著天上掉餡餅，以為只要買個「好」（本金安全，利息還高）的理財產品，然後躺著收錢就行了！

可是天下哪有這麼好的事！要是真有，那麼人人都是大富翁了。事實上，連著名的投資家－「股神」華倫・巴菲特都不敢說理財能讓人一夜制富，遑論他

我看網上 XX 公司有一款號稱保本、保息的理財產品，預期年化報酬率高達 10%，比銀行存款利率高多了，我好心動喔，所以便上去註冊帳戶，投入 100 萬了。開始時每個月帳戶裡確實有 8,000 多元的利息，可是直到有一天，那個帳戶突然就不能提現了，後來甚至都打不開了，直到那時我才知道原來是公司跑路了！哎喲，那可是我的所有積蓄啊！

我被拉入 line 上面的炒股群組裡，每天看著群組裡的人 po 投資收益截圖，感覺他們賺錢特別容易，我一時忍不住便就投了 10 萬元進去，結果沒想到全部賠光了！

自己也是一步步實現財富增值的……。

不要相信所謂保本、保息還能獲得高收益的理財產品，因為根本沒有這樣的產品。真正能實現保本、保息的理財產品僅限於儲蓄、國債等有限的幾種商品，而且說真話，它們的收益也普遍都不高。

所以，那些宣傳自己的理財產品保本、保息，年化報酬率還特別高的人，便極有可能是個騙子。放棄一夜致富的美夢，想賺錢就努力賺錢、學會理財，這才是一般人應該持有的正確觀念與選擇。

二、盲目追求高收益，缺乏獨立思考與判斷力

投資股票最忌諱跟風，一檔股票走勢好就跟著別人一起買，走勢不好就跟著別人一起拋。這樣的人不當韭菜，誰當韭菜啊！高收益人人都想要，但是只有自己能對自己的財產負責。所以，不要聽這個人說那個人介紹，要學會自己判斷，選擇適合自己的理財產品。

其實，決定收益高低的並不完全是投資工具本身，投資者依據自身知識和思考所做的判斷也很重要。一

個投資者如果判斷正確，即使使用高風險的投資工具一樣可以賺錢，那麼這些工具對他來說就不算高風險，因為他有能力降低風險並獲得更高的收益。但一個投資者如果總是判斷失誤，即使使用低風險的投資工具，也一樣只會虧損，那麼這些工具對他來說就不是低風險，因為他沒有能力駕馭這些工具。

所以，投資工具的風險是相對的。對投資高手來說，股票可能就是低風險、高收益的投資工具；對投資菜鳥來說，股票可能就是高風險、高虧損的投資工具。如果一個人盲目追求高收益，明明不懂還要選擇高風險的投資工具，一昧跟風盲投、隨波逐流，那麼財富就只能離他遠去了……。

我看別人投 xx 股票都賺錢了，而且賺得很多，朋友們都說那檔股票特別好，收益特別高，我心裡癢癢就跟著買了點。可為什麼到最後只有我虧這麼多啊！

我也想要高收益，可是高風險的投資工具太難了，我實在是玩不動啊！

好好學習理財知識，研究資訊，學會獨立思考、判斷且不盲從，這才是投資理財最關鍵的一步。

三、資金一次押上，理財風險飆升過高

有些投資者往往不做長期打算，比如投資股票，如果剛好賺了錢，就趕緊把自己手頭的閒錢一股腦兒投進這檔股票裡；如果股票虧損嚴重被套牢了便不知所措，要嘛匆匆忙忙地離場，要嘛鐵了心等股價上漲才肯走。結果，等到過了一段時間後才發現，自己連生活費都拿不出來了……。

而有些投資者則具備一定的風險意識，知道不能把雞蛋放進同一個籃子裡，但因為他們本來手邊的資

金就不多，還得分散買進一堆理財產品，所以到最後，一樣也是什麼都也沒賺著，白費勁兒。

說到底，這些都是缺乏理財規劃的表現，只有認真做好理財規劃，在給自己留足備用金等生活必需資金的前提下，均衡配置短期和長期的理財產品，對每個投資專案的預期收益情況都已做好估算，這才能既滿足自己的生活需要，又可獲得應有的收益。

切記不要將自己和家人平時的日常用度，全部拿來投入理財產品中，過度理財的結果，很有可能是讓家人三餐不繼。

四、規劃一成不變，以為買完就萬事大吉

世界上唯一不變的就是變化。千萬不要覺得做完一次理財計畫，挑選並購買了合適的理財產品（尤其是股票等投資工具）就可以高枕無憂，躺著收錢了。經濟形勢時刻在變化，金融市場更是瞬息萬變，所以根本不可能有「畢其功於一役」的理財計畫。

想讓自己的錢能夠最大限度地保值、增值，就得時刻關心政經局勢政、企業發展變化和與自己購買的

理財產品相關的各種資訊，隨時根據變化調整理財計畫，積極地更換持有的理財產品。

如果偷懶，很有可能就賺不到錢甚至虧本，所以理財一定要勤學習、多思考！

五、害怕虧損，一跌就慌

人們理財的目的就是賺錢，但市場不是許願池，不會一一實現人們的願望。很多人一看到自己好不容易挑出來的股票價格跌了，就會不由自主地心慌意亂，生怕萬一跌太多，自己損失太大，於是咬牙乾脆全部出清了。結果沒想到等過一段時間後再看，自己之前賣出的股票竟然又漲回來了，甚至還比原來買入

壞了，壞了，我買錯股票了，價格跌了這麼多，我是不是應該趕緊賣出停損？萬一跌更多，我可承受不起！可是整整損失了1萬元，真的好心疼啊！

時的股價還高，這時又開始後悔自己當初實在是賣早了……。

其實這都源自於投資者對自己的判斷缺乏信心，市場上一有風吹草動都會讓他質疑自己的決定。而真正的投資高手根本不會在意短時間的虧損，也不會時刻盯著持有股票的價格漲跌。他們關注的是股票背後的公司基本面是否發生變化。只要這些公司經營情況穩定，還在不斷賺錢，那麼他們的股票即使價格起伏，也不會有什麼問題。

作為投資者，一定不能害怕虧損，一虧就慌，一慌就賣，這根本不是止損，反而很有可能造成更大的虧損。只有基於客觀變化，理性分析，才能做出正確的選擇。

我懂了，理財不能貪，貪小便宜就吃大虧；理財不能懶，懶得學習、懶得研究、懶得思考，財富之後也會懶得理你了；理財不能慌，一慌就出錯，出錯就有可能虧錢。

12. 向大師致敬

你聽說過哪些特別厲害的投資大師？

鼎鼎大名的華倫・巴菲特（Warren Edward Buffett）你應該知道，他是公認的「股神」，與他共進午餐的機會都能拍出幾千萬美元的天價。

華倫・巴菲特

你可能覺得，這麼厲害的投資大師，他的投資報酬率一定非常高。那麼這你就錯了，巴菲特每年的投資報酬率也就 20% 左右。當然，這個報酬率對我們普通人來說已經很高了，但對很多資深投資者來說，這個投資報酬率其實並不算高，因為有些投資者一年的

投資報酬率有時候能達到 100% 以上。

因此你一定覺得很奇怪，為什麼被叫作「股神」的不是那些報酬率達到 100% 的人，而是華倫・巴菲特呢？

 原因之一是他投資報酬率的穩定性。有些投資者可能今年年報酬率能達到 100%，但明年就只有 1%，甚至嚴重虧損。但巴菲特不一樣，他從 1957 ～ 2019 年，年均報酬率在 20% 以上，這就不是一般人能做到的了。

原因之二就是巴菲特的 20% 年報酬率不是單利率，而是複利率。單利率和複利率對總收益的影響，短期內看不太出來，但從長期來看絕對是天壤之別。同樣是 1 萬元的初始本金、20% 年報酬率，30 年後，按單利計算的利息僅為 6 萬元（10,000×20%×30=60,000），而按複利計算的本息有 237 萬元那麼多。

正是連續六十多年，年均 20%
以上的複利增長，造就了巴菲特的
股神傳奇。當然，他的成績也離不
開黃金搭檔查爾斯 · 托馬斯 · 蒙
格（Charles Thomas Munger）的

班傑明 · 葛拉漢

幫助。查爾斯 · 托馬斯 · 蒙格很低調，但沒有他，
就不可能有巴菲特的投資神話。巴菲特曾直言，是查
爾斯 · 托馬斯 · 蒙格拓展了他的視野，讓他快速地
「從猩猩進化到人類」，否則他會比現在窮得多。

　　名師出高徒，巴菲特的老
師班傑明 · 葛拉漢（Benjamin
Graham）也很厲害，他是價值
投資理論的奠基人，被譽為「證
券分析之父」及「華爾街教父」，
代表作品有《有價證券分析》

彼得 · 林區

（Security Analysis）、《智慧型股票投資人》（The
Intelligent Investor）等，這兩本書都被後世投資者奉
為「里程碑式的投資聖經」。

　　此外還有基金史上的傳奇人物—彼得 · 林區

（Peter Lynch）。他被譽為「全球最佳選股者」，並被美國基金評級公司評為「歷史上最傳奇的基金經理人」。從 1977 年到 1990 年，他作為基金經理人，管理的麥哲倫基金資產由 2,000 萬美元增長到 140 億美元，基金投資人超過 100 萬人，成為當時全球資產管理金額最大的基金，並且投資績效也名列第一，13 年間的年平均複利報酬率高達 29%。

　　世界頂尖的投資大師還有約翰·馬克 · 坦伯頓爵士（Sir John Marks Templeton）、是川銀藏、威廉 · 江恩（William Delbert Gann）等。你如果感興趣，可以去搜搜他們的生平事蹟，個個都精彩極了！這些投資大師的投資策略各有不同，有的偏重基本面分析，有的更擅長技術面分析，但是他們有一些共同的特質，

比如獨立的思考習慣，超乎常人的耐心與專注，任何時候都不會動搖的堅定意志，敏銳的風險嗅覺，機會來臨時強大的勇氣和魄力等⋯⋯，這些都是值得我們學習的優秀特質，不管是不是專門做投資，這些人格特質都能幫助我們在不同領域綻放光彩。

其實這些人格特質不僅投資大師們有，我發現每個成功人士也都擁有這些特質！

確實，我也要加油，向他們學習，努力做一個優秀的人！

少年遊 014

馬小跳財商課 4：錢生錢的智慧

作　　者—楊紅櫻
視覺設計—徐思文
主　　編—林憶純
行銷企劃—蔡雨庭

本作品中文繁體版通過成都天鳶文化傳播有限公司代理，經中南博集天卷文化傳媒有限公司授予時報文化出版企業股份有限公司獨家出版發行，非經書面同意，不得以任何形式，任意重制轉載。

第五編輯部總監—梁芳春
董 事 長—趙政岷
出 版 者—時報文化出版企業股份有限公司
　　　　　108019 台北市和平西路三段 240 號
　　　　　發行專線—（02）2306-6842
　　　　　讀者服務專線— 0800-231-705、（02）2304-7103
　　　　　讀者服務傳真—（02）2304-6858
　　　　　郵撥— 19344724 時報文化出版公司
　　　　　信箱— 10899 臺北華江橋郵局第 99 信箱
時報悅讀網— www.readingtimes.com.tw
電子郵箱— yoho@readingtimes.com.tw
法律顧問—理律法律事務所　陳長文律師、李念祖律師
印　　刷—勁達印刷有限公司
初版一刷— 2023 年 6 月 30 日
定　　價—新台幣 280 元

時報文化出版公司成立於 1975 年，並於 1999 年股票上櫃公開發行，於 2008 年脫離中時集團非屬旺中，以「尊重智慧與創意的文化事業」為信念。

馬小跳財商課 4：錢生錢的智慧/楊紅櫻. -- 初版. -- 臺北市：時報文化出版企業股份有限公司, 2023.06
　　104 面；14.8*21 公分. --（少年遊）
　ISBN 978-626-353-799-6（平裝）
　1.CST: 理財 2.CST: 兒童教育 3.CST: 通俗作品
　　　　563　　　　112006223

ISBN 978-626-353-799-6　　　　　　Printed in Taiwan